崩壊学級担任を救う33の方法&つぶす13の方法

梶川高彦
中村健一
編著

先生！

同僚

先生！

生徒

ひとりじゃ
ない…！

先生！

保護者

黎明書房

はじめに

　本書は，巷[ちまた]に出回っている「崩壊学級建て直し本」ではありません。とにかく，崩壊学級担任の救出を第一に考えます。

> 崩壊学級担任をできれば休職に追い込まない。
> 崩壊学級担任を辞めさせない。絶対に，死なせない。

そのための方法を集めたい。これが，本書のコンセプトです。

　共編著者の梶川高彦氏を始めとする執筆メンバー，ありがとう。特に，学級崩壊の経験を元に書いてくれたメンバーに感謝です。辛い経験を思い出させてしまいました。それでも，学級崩壊して苦しい思いをしている全国の仲間の教師のためにがんばってくれました。本当に感謝しかありません。

　この本が，学級崩壊で苦しむ教師たちの役に少しでも立ち，1年間生き抜いてくれるとうれしいです。
　また，学級崩壊で苦しむ同僚の力になりたいと考えている教師たちの役に少しでも立てるとうれしいです。

　令和元年 12 月 8 日　母の誕生日に

中村　健一

目　次

第3章　崩壊学級担任がしてもらって　うれしかった**11**の方法　49

第4章　崩壊学級担任をつぶす**13**の方法

第1章

崩壊学級担任を救う 8 の発想法

崩壊学級を建て直すなんて，絶対に無理。

建て直そうとすればするだけ，学級はさらに崩れていきます。

そんな状況で，学級や子どもたちのために力を使うのは，無駄。

自分と家族を守るためだけに全力を尽くしましょう！

辛い 1 年を生き抜けば，明るい未来が待っています。

1 *学級崩壊は担任のせいではない と理解せよ*

まず，最初に断言します。

> 学級崩壊は，担任のせいではありません。
> 誰の学級でも，崩壊する可能性があるのです。
> ものすごい力をもった教師も，例外ではありません。

　私，中村健一は一応，全国に名の知れた実践家です。30年近く，四半世紀以上も教師を続けてきた大ベテランです。

　教師人生の多くを困難校で過ごしてきました。そして，困難校の中でも問題のあるクラスを多く担任してきました。それでも，なんとか学級を成り立たせ続けてきました。

　それなりに，力のある教師だと自分では思っています。

　そんな私でも，学級崩壊する可能性はあるのです。

　たった一人の子どもと，合わなかったら。そして，その子が，影響力のある子だったら。

　たった一人の保護者と，合わなかったら。そして，その保護者が，影響力のある保護者だったら。

　私のクラスでも，簡単に崩壊してしまうでしょう。

　だから，学級崩壊は，絶対に担任のせいではないのです。

> 学級崩壊しても，自分を責めないでください。
> 学級崩壊した同僚がいても，同僚を責めないでください。
> 学級崩壊と教師の力量は，全く関係がないのです。

　私は，学級崩壊は，「運」だと思っています。

　自分のクラスが崩壊してしまったら，運の悪い宝くじが当たったようなものです。そう考えるのが，いい。

　そして，運の悪い1年間を何とか生き抜くことだけを考えてください。

　また，同僚のクラスが崩壊してしまったら，自分の代わりに運の悪い宝くじを引いてくれたのだと考えてください。

　そして，同僚が運の悪い1年間を何とか生き抜けるように支えてあげてください。

　他人ごとではありません。

　次は，あなたが運の悪い宝くじを引く番なのかも知れません。

　そう考えれば，同僚に優しくなれるはず。

　学級崩壊に苦しんでいる同僚の力になれるのは，私，中村健一ではありません。側にいるあなたなのです。

2 学級再建は無理だと，全員があきらめよ

　私は，非常に荒れた学校に勤めてきました。荒れた学校では，学級崩壊が珍しくありません。毎年，確実に数クラスが崩壊します。

　そのため，私は多くの崩壊学級を見てきました。日常的に崩壊学級のサポートに入ってきました。

　そんな数々の崩壊学級の中で，担任交代をせずに建て直しに成功した例がどのぐらいあると思いますか？

　担任交代せずに崩壊学級を建て直した成功例は，……実は，0件です。
　つまり，成功率は，0パーセントなのです。

　このことを，まずは，教師全員が理解することが必要です。
　もちろん，担任が交代し，何とか建て直した例は，わずかながらあります。しかし，これも「わずか」ですね。崩壊学級は「負」のオーラに満ちてますから。

　いずれにせよ，担任交代せずに崩壊学級が復活した例はありません。それだけ，一度壊れた子どもたちとの関係を修復するのは，難しいことなのです。無理なことなのです。

　だから,「はじめに」に書いたように, 本書は「崩壊学級の再建本」ではないのです。だって, そんなことは不可能ですから。

　では, 本書の目的は, 何なのでしょうか?

　私は学級崩壊して, 多くの教師が辞めていくのを見てきました。病休(病気休暇)に入った教師もたくさんいます。

　初任者や若手も, もちろんいました。さらに, 他校でエースと言われたようなベテランで力のある教師も, 何人もです。

　学級崩壊は, 苦しいです。辞めていった, 彼ら彼女らの気持ちは痛いほどよくわかります。

　その一方で, 病休に入らず, 辞めることもなく, 何とか1年間を過ごした教師がいます。

　私の実感では30パーセントぐらいでしょうか。もちろん, 学級崩壊のレベルにもよりますが……。つまり, 3人に1人は, 学級崩壊しても生き抜いているのです。

　学級崩壊しても病休に入らない, 辞めない。もちろん, 死なない。その確率を上げたい!　それが, 本書を書くモチベーションなのです。

　そのためにも, まず, 教師全員が「崩壊学級の建て直しは, 無理」ということを理解してほしいと強く思っています。

3 「もう，戦わなくていいよ」と言ってあげよう

　崩壊学級建て直しの成功率は，0パーセントだと書きました。

　それなのに，担任は戦おうとします。なんとか建て直そうと，あの手この手を打つのです。

　しかし，手を打てば打つだけ，学級の状態は悪化していきます。

　だって，教師と子どもたちとの関係が崩れているのですから。

　私は，この状態をよく恋愛に喩えて話します。

　崩壊学級担任は，子どもたちから振られているようなものです。

　振られた相手には，何をしてもダメ。

　プレゼントを贈ろうが，花束を贈ろうが，映画に誘おうが，豪華な食事をご馳走しようが，気持ち悪がられるだけです。

　だって，振られているのだから。

> 　崩壊学級担任が打つ手は，すべて逆効果なのです。
>
> 　子どもたちから，「きもっ」「うざっ」と思われるだけです。

　だから，手は打たない方がいい。特に，大きな手は打たない方がいい。

　それなのに，大きな手を打たせる管理職が多いのに腹が立ちます。

　ある管理職は，子どもたちの不満をアンケートに書かせました。担任は，子どもたちがどんな不満をもっているのかがよくわかりました。そして，傷つきました。それでも，彼は，子どもたちの不満を解決すべく動きました。でも，子どもたちが受け入れませんでした。当たり前です。彼と子どもたちとの関係は，崩れているのですから。

　ある管理職は，保護者懇談会を開かせました。担任は，保護者から出された改善策に感謝しました。そして，彼女は，改善策を実行に移しました。でも，子どもたちが受け入れませんでした。当たり前です。彼女と子どもたちとの関係は，崩れているのですから。

　改善の余地がないのですから，もう戦う必要はありません。周りの人が，「もう，戦わなくていいよ」と言ってあげるべきです。

　関係が崩れている子どもたちは，放っておけばいい。
　私の知る限り，崩壊学級といえど，すべての子どもたちとの関係が崩れているケースはありません。多くても，クラスの3分の1の子どもたちとの関係が壊れていることがほとんどです。
　ということは，3分の2の子は，味方。関係の壊れていない3分の2の子どもたちとの関係こそ大事にしましょう。

4 学級崩壊を起こす子どもや 保護者のために命を削るな

「もう，戦わなくていいよ」と言ってあげよう。こう書きました。

周りが言ってあげたとしても，崩壊学級の担任は戦おうとするでしょう。

それが，教師というもの。教師は，誠実ですからね。誠実だから，教師になったと言っていいと思います。

でも，考えてみてください。

「学級崩壊は，担任のせいではない」と，私は書きましたよね。では，誰のせい？

はっきり言ってしまえば，学級崩壊は，子どもたちのせいです。または，担任を攻撃した保護者が悪いのです。

> 学級崩壊を起こした子どもたちや保護者のために，力を使う必要はない。

私は，強くそう考えます。学級崩壊を起こした子どもとの関係を改善する必要はありません。授業で学力をつける必要もありません。指導していろいろな力を伸ばす必要もありません。

そんな子どもたちは，放っておけばいいのです。

では，崩壊学級担任は，何に力を使えばいいのか？

> 崩壊学級担任は，自分を守ることを第一に考えて，全力を尽くすべきです。
> 家族を守るために，全力を尽くすべきです。

具体的な方法は，共編著者の梶川高彦氏が担当する第2章で詳しく紹介します。

ざっと言うと，たとえば，反抗的な子どもたちとは，距離を取っていい。休み時間，嫌な思いをしてまで，一緒に過ごす必要はありません。あなたの心の健康を保つために，職員室に降りて，静かに過ごせばいいのです。

たとえば，反抗的な子どもたちは，授業に参加しなくていい。真面目に授業に参加する子だけを相手にして，淡々と授業を進めればいいのです。

反抗的な子どもたちは，関係性の良い同僚に任せてしまうのも，一手ですね。

いずれにせよ，あなたの心と体の健康を守るのが一番です。

これまで教師として誠実に生きてきたのです。でも，学級崩壊に当たってしまった以上，誠実である必要はありません。

たまには，自己チューになって，自分と家族を守ることを一番に考えても，バチは当たりませんよ。

5 自分は悪くない！
人のせいにせよ

　以前勤務していた学校に，毎年学級崩壊を起こしているベテランの女性教師がいました。

　しかし，心配はいりません。彼女は，とにかく明るい。そして，とっても元気です。風邪一つひきません。学校を休むことも全くありません。

　彼女の話を聞いて，その理由がよくわかりました。

　学級崩壊は，彼女のせいではないのです。子どもや親が悪いのです。社会が世間が悪いのです。

　ここまで読んで，私が彼女を非難していると思われますか？

　全く逆です。誠実で真面目な教師は，彼女の図太さを少しは見習うべきだと思います。

　学級崩壊したのは，教師のせいではありません。

　学級崩壊を起こすような子どもたちが悪いのです。学級崩壊を起こすように仕向けた保護者が悪いのです。

　教師の権威を失墜させた社会もそうですね。教師が尊敬される風潮があれば，学級崩壊なんて起こらないのですから。

　教師は誠実です。誠実だから，どうしても自分を責めてしまいます。自分のせいで学級崩壊が起こってしまったと考えてしまいがちです。

　しかし，現実は違います。

> 　学級崩壊は，担任のせいではありません。
> 　子どもたちのせい。保護者のせい。社会のせいなのです。

　もしあなたのクラスが学級崩壊してしまったら，こう考えましょう。

　また，同僚が学級崩壊してしまったら，あなたのせいではないと言ってあげましょう。
　そして，子どもが悪い。保護者が悪い。社会が悪いと一緒になって言ってあげましょう。
　それができるのは，学級崩壊で苦しんでいる同僚の目の前にいるあなただけなのです。

　崩壊学級の担任は苦しんでいます。愚痴の一つも言いたくなるでしょう。

> 　愚痴の数々を否定せずに共感的に聞いてあげる。

　それだけでも，苦しい心が少しだけ楽になるはずです。

6 良い学級なんて作らなくていい

教師になって 1 年目の初任者は次のように考えてください。

> 1 年目，良いクラスなんて作らなくていい。何とか 1 年
> 間，しのいでくれればいい。あなたさえ辞めなければ，そ
> れで十分。

1 年目は，非常に厳しいものです。保護者も子どもも，初任者に担任されるのを嫌がります。ベテランに担任してもらって，安定した学級で安心して過ごしたいと思っているのです。

初任者は，ハンディキャップを背負ってのスタートだと覚悟してください。クラスが壊れる可能性も高いです。

だから，初任者は，良いクラスなど作る必要はありません。何とか 1 年間を生き抜いてくれれば十分なのです。

いや，1 年目の初任者だけではありません。最近，転勤したばかりの学校でいきなり高学年をもたされたという話をよく聞きます。いきなり 6 年生担任も多い。驚いたことに，前年度荒れた学級をいきなりもたされるケースもあります。

きっと，なり手がいないからなのでしょう。あまりの男気

のなさに，本当に腹が立ち
ます。我が広島東洋カープ，
永遠のエース・黒田博樹氏
の男気を見習ってほしいと，
心から思います。

オレに
任せろ

男気

黒田　博樹

　こういう校内人事を行う
校長にも腹が立ちます。
　この校内人事が大きく間違っているのは明らかです。
　転勤して，いきなり高学年担任は，学級崩壊のリスクが高い。
6年生は，もっとそう。前年度荒れた学級を事情を知らない教
師が担任するのも，当然危険です。

　全国の校長先生にお願いです！

> 　転勤してきたばかりの教師に高学年，ましてや6年生
> を担任させるのは，絶対にやめてほしい。前年度荒れた学
> 級をもたせるのも，絶対にやめてほしい。

　それなのに，転勤していきなり高学年，6年生担任にさせら
れる教師がいます。前年度荒れた学級の担任にさせられる教師
がいます。
　悲しいですが，これが現実です。

　転勤していきなり，そんな苦境に立たされた教師たちは次の

ように考えてください。

転勤して1年目，良いクラスなんて作らなくていい。何とか1年間，しのいでくれればいい。あなたさえ辞めなければ，それで十分。

　私も厳しいクラスをたくさんもってきました。そんな時，良いクラスを作ろうなんて発想は捨てました。

　良いクラスを作ろうとすると，どうしても無理がくるからです。いたずらに負荷をかけると，子どもたちとぶつかる可能性が高くなります。クラスが壊れる可能性が高くなります。

　そもそも，もち手がいなかったクラスをあなたに押し付けたのです。誰も，良いクラスを作ってほしいなんて思っていません。

荒れたクラスを誰かがもって，1年間をしのいでくれれば「御の字」だと，周りは思っている

のです。

　良いクラスを作ろうなんて発想は捨てましょう。

　それが転勤して1年目，いきなり苦境に立たされた自分を救うことにつながります。

7 今年1年しのげば終わりだと，期限を決めよ

　教師は，良くも悪くもパートタイムの教育者です。

　パートタイムの教育者である教師は，子どもたちの一生に責任はもてません。子どもたちの一生に責任を負う保護者とは違うのです。

> 　我々教師が子どもの教育に関われるのは，担任した1年間だけ。

　私は，そのことを強く自覚しています。

　良いクラスをもった時には，そのことが寂しくもなりますけどね。でも，1年間と限定して，子どもたちを伸ばす。そして，次の年は，次の担任に任せる。

　こう割り切って教育するのがプロだと思っています。

　だから，最後の学級通信では，必ず次のように書きます。

> 　最高だった○年○組も，いよいよ解散です。
>
> 　君たちは，中村先生のことを忘れて，新しい担任の先生の言うことをよく聞いてください。そして，○年○組を超える最高のクラスを作ってください。

中村先生も，君たちのことを忘れて，新しいクラスの子どもたちとがんばります。最高だった○年○組を超えるクラスを作りますね。
　　どっちが良いクラスを作れるか？　勝負です！

　こうやって，担任は，子離れする。子どもたちにも，担任離れさせる。それが大切です。

　この子たちの次の担任への援護射撃の意味もあります。子どもたちは，どうしても前の担任と比べますからね。
　「中村先生のクラスは○○だったから，良かった」なんて言わせないための「予防」でもあるのです。

　学級崩壊という運の悪い宝くじに当たってしまった時には，パートタイムの教育者であることをプラスの発想にしてしまいましょう。

　　学級崩壊を起こすような子どもたちとの関係も長くて200日。
　　「後○日の我慢だ」とカウントダウンするといい。

人間，ゴールが見えなければ，がんばれません。

しかし，崩壊学級の1年にも，必ず終わりは来るのです。

終わりが見えれば，人間，がんばれるもの。

カウントダウンしながら，厳しい1年をしのぎましょう。

学級崩壊を経験すると，良いこともあります。

教師としての経験値が上がるのです。だから，

来年もった学級は，間違いなく「楽勝」に感じられます。

私も厳しいクラスを何度も担任してきました。でも，その1年を乗り切れば，次の1年が「楽勝」なのを実感していますからね。

「楽勝」な来年を楽しみにしてください。そして，カウントダウンしながら，厳しい今を乗り切りましょう。

さらに，何年か経ったら，間違いなく良い思い出になってますよ。「あの時，学級崩壊を起こしたから，今の自分があるんだ」と。

学級崩壊した1年をなつかしむ時が，必ず来ます。

失恋した時は，非常に苦しいものです。でも，何年か経てば，良い思い出になってるじゃないですか。「あの娘のこと，本当に好きだったんだな。なつかしいな」と。

それと，同じですよ。

8

絶対に辞めない。
辞めたくなったら，休職する

　私は恥ずかしながら，フェイスブックをしています。

　でも，基本，読む専門。自分の私生活をさらけ出すのは，恥だと思っています。だから，滅多に投稿しません。（酔っ払った時，以外はね。酔っ払った時は，他の人のフェイスブックにコメントしてるな。一番の被害者は，多賀一郎氏です・笑）

　そんな私が，2019年10月9日，次のような投稿をしました。

　　辞めるなよなあ！　率直に，そう思った。

　　彼女の力は，認めていた。若いのにすごい力をもった人だった。だから，彼女に頼み込んで，俺の本にも参加してもらった。最初は，拒否されたんだけどね。

　　でも，そんな力をもった彼女でも，やられてしまうんだ。

　　俺は，いつか，どの本かで書いたよな。「たった一人の保護者，たった一人の子どもに嫌われてしまったら。敵に回してしまったら。そして，その保護者，子どもが影響力をもっていたら。俺のクラスも一瞬で崩壊してしまうだろう」

　　彼女は，当たってしまった。そんな，たった一人の保護

者に。たった一人の子どもに。

　でも，辞めるなよなあ。そんな保護者に，そんな子ども
に，毎年出会うか？

　出会わないよ。たまたま運の悪い宝くじに当たっただけ。

　多くの保護者は，多くの子どもたちは，彼女の魔力に感
謝したはず。多くの保護者と子どもたちが幸せになったは
ず。

　多くの保護者と子どもたちを幸せにできた教師が，一部
の保護者と子どもに辞めさせられた理不尽を感じています。

　そうそう，さらに，ブラック。

　辞めることを覚悟したら，まずは，休職しよう。

　休職したら，とりあえず当分は，お金もらえるでしょ。

　いろいろいきさつはあると思うけど，苦しんで働いただ
けの対価はもらわないと。

　そのぐらいブラックに考えても，バチは当たらない。

　だって，がんばったんだから。命と引き替えにがんばっ
たんだから。

　それにね。休職中に思うかも知れないでしょ。

　やっぱ先生やりたいって。教師でいたいって。

　一部の変な保護者や子どもより，大多数の保護者や子ど
もたちの顔を思い出してほしい。

教師を辞めたいと思い詰める程の先生は，やはり，誠実。

　あなたを求めている人の方が，はるかに多い。間違いない。

　それなのに，彼女は，辞めてしまった。

　これを責めるつもりはない。

　きっと限界だったんだろう。

　でも，「教師は良い商売」だと，ずっと思っています。で，ずっと伝えています。

　彼女に続いて，みんなが教師を辞めていく。彼女も絶対望んでないです。

　死なない程度に，心が折れすぎない程度に，できれば，教師を続けてください。

　でも，自分が壊れない。死なない。当たり前ですが，それが一番です。

　このメッセージ，実は，彼女の思いを汲んで書いたもの。彼女は，SNSでは有名な人らしいです。そして，彼女は，彼女の後に続いて辞めていく若手を本気で心配していました。最後まで，男前！　あっぱれ！

　　「辞めるぐらいなら，病休に入ろう！」

　このメッセージは，もう，彼女には届かないけど……。

　苦しんでいる若手に，届くと，いいな。

第2章
崩壊学級担任を救う 14の方法

崩壊学級では，子どもを伸ばそうとしても，無理。
子どもたちが，さらに反抗的になるだけです。
そんな無理は止めて，1年間をしのぎましょう。
崩壊学級担任に残された手は，しのぐことだけなのです。

　また，苦しみながらしのいでいる同僚がいれば，救いの
手を！　崩壊学級担任が楽になるためなら，何だってして
あげましょう。
　次に学級崩壊で苦しむのは，あなたの番かもしれません。

1 反抗的な子どもとは距離を取る

> 学級がうまくいっていない時に，長時間，子どもたちと一緒に過ごすのは得策ではありません。授業以外の時間は，少し子どもたちと距離を取ってみましょう。

　担任の良くないイメージが固定化されてしまうと，なかなかそれを払拭することは難しいものです。長い時間を一緒に過ごせば過ごすほど，相手の嫌なところが目に入ってきてしまいます。

　そこで，休み時間など自分が教室にいなくてもいい時間には，できるだけ子どもたちと離れて過ごすことも大切になります。

　たとえば昼休みには，担当している委員会の子たちと一緒に仕事をしたり，職員室でお茶などを飲んでリラックスしたりするのも一手です。どうしても一人になりたい時には，トイレの個室に5分間くらいこもってもいいでしょう。

　また，学級には，もっと担任と関わりたいと思っている子もいます。「休み時間，先生と一緒に遊びたい子はあらかじめ言ってね」と時間を限定しつつも，そういう子たちとの時間は受け入れていくといいでしょう。

2 思い切って「指導をしない」という選択を

> 　学級がバタバタしだすと，担任はどうしても注意することが増えてきます。少し心に余裕をもって，不適切な行動をスルーするスキルも重要です。

「やめなさい！」

「どうしてそんなことするの！」

　子どもが良くない行動をした場合，担任は注意をします。しかし，崩壊学級では何度注意しても行動が変化しないことが多いもの。

　たとえば，「静かにしなさい！」と注意して，子どもたちが静かになることは，ほとんどないというのが実感ですよね。その場合，注意することに意味はあるのでしょうか。

　また，命令調や厳しい口調が増えることで悪影響もあります。担任の口から出るマイナスな言葉が増えることで，担任の言葉自体が嫌になってくるのです。

　叱られることの多かったある子は「もう，あの先生の声を聞くだけでイヤ」と言っていました。誰も，注意ばかりしてくる人の声を聞きたいとは思いませんよね。

　そこで，他の子へ怪我をさせるなど大きな影響があること以外は注意をするのをやめるという選択も必要です。

　つまり，「姿勢が悪い」「返事をしない」「ノートを書かない」「持ち物を持ってこない」などなど，これらの行動に対して反応するのをやめるということです。

　一方，「友達にイヤなことをする」「殴る，蹴る」「授業中大きな声を出す」など，他の子に迷惑がかかる行動に対しては，注意することが必要です。フォローに入ってくれる他の先生がいれば，その人に指導をお願いしましょう。

3 ちゃんとしている子たちにこそ スポットを当てる

> どんなに崩れている学級でも，その状態をよしとしていない子たちはいるものです。毎日がんばっている子どもたちにこそ，教師は力を注ぎたいですね。

　学級にいる子どもの顔を一人一人思い浮かべてください。崩壊学級には，怒っていたり，反感を露にしていたりする子もいるでしょう。しかし，その一方で，笑っている子もいるはず。その子たちは，担任の味方になってくれる大切な存在なのです。

　苦しい時にこそ「自分を必要としている子がいる」ことを忘れないでください。そして，その子たちにたくさん声をかけるといい。声かけ以外にも，宿題の朱書きに「いつもていねいだね」と書くとか，休み時間に一緒に遊ぶとか。とにかくその子たちとの関係を大切にするといいと思います。

　授業中も，不適切な行動を取る子にばかり注目してはいけません。しっかりやろうとしている子にこそ焦点を当てましょう。そして，まじめに取り組むことが成長につながるんだということを忘れさせないように指導することが大切です。

4 ほめるハードルを下げる

崩壊学級の子どもたちは叱られることが多いもの。しかし，叱ってばかりでは，子どもはますます反抗的になっていきます。ちょっとしたことでも，子どもたちをほめましょう。すると，学級の雰囲気が少しだけ明るくなります。

　学級がうまくいっていない時には，担任も周りの教師も保護者も「うまくいかないこと」に注目してしまいがちです。だからこそ，小さな成長に気付く視点が重要になります。

　「水泳で25m泳げるようになった」「都道府県テストの正解率が上がった」「九九を覚えた」などなど。普通の学級でも，子どもが成長した時には，言葉に出して具体的にほめますよね。

　しかし崩壊学級では，もっとハードルを下げることが必要です。「朝の読書でしゃべる人が減った」「授業中立ち歩く人がいなかった」など，どんなことでもほめる材料にしてしまいます。

　プラスの言葉がけを学級に増やすことが，子どものエネルギーを授業に向けるきっかけになるかもしれません。

5 朝の会や帰りの会は，必要最低限に

朝の会や帰りの会で決めたプログラムをすべてこなそうとすると，子どもたちとトラブルになりがちです。子どもを変に刺激せず，スムーズに会を進行しましょう。

一日の始まりは朝の会でスタートする学校が多いと思います。日直が司会をし，朝のあいさつで始まります。そして，歌を歌わせたり，健康観察で大きな返事をさせたり。一日を気持ちよく過ごすために朝の会が開かれていることでしょう。

しかし実は，朝の会が「クラスがうまくいかない原因」になっていることがあるのです。

まず，うまくいっていないクラスは，あいさつが小さいものです。歌もちゃんと歌わないし，そもそも日直もやりません。当然時間も守らないので，担任は朝から叱らなければならないことだらけになります。

そこで，やらなければならないことだけを残し，それ以外のことはやめてしまいましょう。

朝，子どもへ連絡すべきことはあらかじめ黒板に貼っておきます。すると，子どもが学校に来たら，それを見ることで確実

に連絡が伝えられます。これ以外にも，一日の予定や授業内容をできるだけ書いておくことも有効です。

　子どもが荒れる原因の一つに「無駄なことだと思うことをしなければならない」や「見通しが立たない」があります。朝の会の歌などをやめれば，無駄に子どもたちを刺激しなくて済みます。また，一日の予定を書いておけば，見通しが立つので，落ち着く子が増えるのです。

　また，帰りの会はできるだけ早く終わりましょう。無駄な内容はそぎ落とし，お互いイライラが募らないようにします。
　伝えたいことはすべて書いて貼っておく。そうすることで，子どもたちも早く帰ることができるようになります。

6 集団は各個撃破で

押しの強い子どもがいる場合，その子が集団を作り担任に向かってくると，太刀打ちするのは困難です。集団に立ち向かうのは避け，個別に対応しましょう。

学校で長い時間を過ごしている子どもたちは，意図するかしないかは別として，「小集団（グループ）」を作りたがります。

通常，学級にはいくつかの小集団があり，それぞれが干渉しながら生活しています。

その中のリーダーが「担任の言うことを聞かない」という選択をしてしまった時に，学級崩壊は進んでいくのだと考えます。

また，「教室で子どもたちはルールではなくムードに従う」という言葉があります。その言葉が示すように発言権のある押しの強い子がいると，なかなかそれに逆らったことはしにくいものです。

そこで，良くない行動や発言などに対して指導を行う場合，集団に対して行うのは得策ではありません。個別に呼び，指導するといいでしょう。

集団でないというだけで，素直に話を聞くことができる子も

います。

　特に押しの強い子に対して指導を行う場合は，あらかじめ他の教師と打ち合わせをすることが必要です。担任一人ではなく，管理職や主任などと一緒に指導を行うように作戦を立てましょう。

　とにかく，学級の中で集団に対して指導を行うのは，リスクを伴うということを知っておくのが大切です。

　グループのリーダーの中には，他の子の前でメンツをつぶされることを極度に嫌う子もいます。素直に謝りたい時も他の子の前ではできないこともあるのです。

7
暴力や飛び出しは，
すぐ職員室に連絡する

> 授業妨害，暴力，飛び出しなどなど，崩壊学級では様々な問題が起こります。そんな時は，チームで対応。職員室に連絡すれば，すぐに誰かが駆けつけてくれるシステムを作りましょう。

　担任との関係が崩れてしまうと，子どもたちは様々な授業妨害を仕掛けてきます。まるでゲームを楽しむかのように，教師の反応を見ながら，あの手この手で困らせようとしてくるのです。

　ここまでくると担任一人で解決しようとしても絶対に無理です。すぐに他の教師が手を打たなければ，居心地の悪くなった教室を飛び出していき，外で暴れる子や対教師暴力をしてくる子も現れてしまうでしょう。そうなると学校全体も荒れ始めてしまいます。

　暴力や飛び出しに一人で対応していると，完全に後手に回ってしまいます。味を占めるとなかなか収まりがつかなくなり，何度も繰り返したり，他の子がマネをしたり。担任の威厳はどんどん失墜し，今まで話を聞いていた子でさえ，聞かなくても

いいと思うようになってしまいます。

　関係が崩れ，指導が通らなくなった担任の対応だけでは，悪循環に陥ってしまうのです。だからこそ，職員がチームで生徒指導に当たらなければなりません。

　そこで，あらかじめ，管理職に相談して，職員室に連絡すれば他の教師に対応してもらえるようにします。担任は教室に残った子どもたちに向けて，授業をしましょう。

　当たり前に全員がそろって座って授業をするのには，実はとても多くの条件があります。授業をしながら，暴れる子を抑え，飛び出した子を追いかけるのは不可能です。

　無理なことは一人でやろうとせず，チームで対応をするようにすればいいのです。

8 教科担任制など取り入れ, 担任以外の授業を増やす

> 　他のどの先生よりも, 担任の言うことを一番聞かない。荒れてしまったクラスでは, そんなことも少なくありません。同僚の先生と協力して, 教科担任制を導入しましょう。

　学級が崩れてしまっている時に, 1日6時間一人の担任ですべての授業を行うのは, 子どもたちと教師のお互いにとって苦痛です。

　一番すべきことは, 少しでも離れる時間をつくることなのかもしれません。そこで, 有効なのが, 教科担任制です。
　小学校で教科担任制を行うメリットを4つ紹介します。

　1つ目は, 「子どもと担任が離れる時間をつくることができる」です。担任以外の教師が授業を行えば, 距離を取ることができ, お互いに冷静になれます。

　2つ目は, 「複数の目で子どもたちを見ることができる」です。担任一人ではなく複数の目で子どもたちを見守ることで, 指導や支援などを幅広く行うことができます。

3つ目は,「教科内容の習得が図れる」です。学級が崩れている時に保護者が一番に心配することは,「ちゃんと勉強を教えてもらえるのか」ということです。担任以外の教師によって授業が成り立つことが保証されれば,その点をクリアすることができます。

　4つ目は,「『自分の指導技術が問題なのか?』『学級経営が問題なのか?』に気付くことができる」です。
　交換授業をして,「他の学級でならばうまく授業ができる」のであれば,自分の学級経営を見直せばいいですよね。しかし,「他の学級でも授業が成立しない」のであれば,基本的な授業技術を身に付ける必要があるということになります。

　急に指導者が入れ替わるのではなく,事前に計画を立てることが大切です。いろいろな教師が学級に関わっていけるように工夫すれば,子どもたちが落ち着いていきます。

9 学級が荒れていても
教室環境はきれいに

> 崩壊学級は，教室が汚くなりがち。「部屋の乱れは心の乱れ」です。教師の少しの心がけで「部屋がきれいで心も安定」を目指しましょう。

　崩壊学級の特徴の一つが，「教室が汚くなりがち」です。なぜなら，掃除が行き届かなくなってしまうから。そして，教師自身も掃除に手が回らなくなってしまい，どんどん教室環境が悪くなってしまいます。

　一般的な「割れ窓理論」（明るく，きれいな環境は犯罪が起こりにくい）というものと同様だと考えます。さらに学級を荒れさせないために，次の3つは心がけたいですね。

　1つ目は机や椅子の整理整頓をすることです。子どもたちが下校した後に，毎日，教師が机や椅子をきっちりと整えておくようにします。机の落書きや椅子のがたつきなど，子どもたちが落ち着かない原因も知ることができます。

　2つ目は掲示物のチェックです。掲示物が斜めになっていないか，画鋲で四点止めているか確認していきます。これは，子どもがこっそりと画鋲を取って隠していたり，床に落ちた画鋲

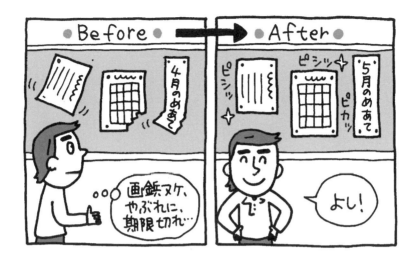

を踏んで怪我したりするのを防ぐためです。

　また，期限が過ぎた掲示物があれば取り，すっきりとした教室環境を維持しましょう。

　３つ目は黒板をきれいに消すことです。黒板係など子どもが消すだけではなかなかきれいになりません。毎日向かっている黒板が汚いというだけで，心が落ち着かない子が増えます。

　教師がこれら３つを放課後に行うことで，子どもたちは登校した時に気持ちよく教室に入り，朝のスタートを切ることができるのです。

10 隣のクラスからの援護射撃

隣の学級が荒れていてうれしい教師はいないはず。同僚の立場からできるフォローをいくつか紹介します。

崩壊学級担任以外の教師が，とにかく荒れている学級の子どもたちと関わることが大切です。突然現れて叱ったり指導したりしても，子どもたちには伝わりません。

休み時間に教室に入っていき，図工などの作品を見たり子どもたちに話しかけたりしましょう。特に用事がなくても毎日のように教室に入ることで，子どもたちに「担任以外の先生がこの学級を気にかけているんだ」ということが伝わります。

また，授業ではない時にその学級の担任に話しかけにいくこともおすすめします。打ち合わせで連絡があったことを，あえて子どもたちの前で確認するのもいいでしょう。「○○先生，さすがだね。頼りになるよ。ありがとう！」と言って教室を去ることで，子どもたちに「うちの担任の先生は頼りにされる人なんだなぁ」というメッセージが伝わります。

また，行事や集会などがあった時に，「○○先生が君たちががんばっていたのでうれしいと喜んでいたよ」と間接的にほめ

ることも効果的です。うわさ話もそうなのですが，直接本人から言われるよりも信憑性が高まります。

掃除の時間などに担任がいないところでがんばっている子がいた時には「掃除が上手だね。素敵だね」とプラスのメッセージでその子にエールをおくることも有効です。

担任以外の教師が崩壊学級の子たちと良い関わりを増やしておきましょう。そうすれば，指導しなくてはならなくなった場合でも，子どもたちは素直に受け入れてくれます。

11 保護者への連絡は戦略的に

保護者への連絡の仕方一つで，担任のイメージは大きく変わります。共に子どもを育てる味方にするため，伝え方に気をつけましょう。

子どもたちの間でケンカなどが起きた時には，保護者への連絡が必要となります。

しかし「問題が起きた時にだけ電話がある」というような場合，「学校からの電話＝悪いイメージ」となってしまうことも少なくありません。

そこで，学級で問題を起こしそうな子，トラブルが多そうな子の家庭には，4月当初から「よかったこと」「成長していること」「がんばっていること」などの連絡をこまめに入れるようにしておくといいと思います。

前年度の学年の先生の話や，記録などからしっかりと情報収集をし，あらかじめ保護者と良い人間関係を作るようにすることが肝心です。

電話だけでなく，良いことの場合はお手紙や連絡帳などでも効果があります。全体に知らせたい場合には学級通信などに掲

載するのも効果的です。

　逆に良くない知らせや指導的な内容については，手紙や連絡帳など文書でのやりとりはやめた方がいいですね。相手の顔が見えにくいやりとりでは，言葉一つで違う内容に受け取られてしまうこともあるからです。

　そのような内容の場合は，電話あるいは家庭訪問など，できるだけ直接話をするようにしましょう。

　大きなトラブル（暴力的な内容や万引きなど）の場合は必ず管理職や学年主任，生徒指導担当などに相談します。そして，常に複数人で子どもへの指導や保護者との面談をすることが大切です。

12 周りの先生からの
フォローアップ

> 職員室で元気がなさそうな先生を見た時，どんな対応を
> したらいいのでしょうか。ちょっとした心がけでお互いに
> 助け合うことができるようにしたいですね。

　学校全体がチームとして機能するためには，職員室に助け合
う雰囲気が必要であるのは言うまでもありません。

　「お疲れ様」「大丈夫？」「これ食べたら？」など，優しい一
言と温かい飲み物があれば疲れが少し和らぎます。

　また，同学年の場合やその学年の担任をしたことがあれば，
教材研究した資料を分けたり，ワークシートを紹介したり，参
考文献を紹介したりするなど。日々の授業のことについて話が
できると心強いです。

　子どもたちの様子については，話したそうであれば，ある程
度時間を決めて話を聞くといいでしょう。

　長々話をするとお互いの時間がなくなってしまいます。また，
子どもたちへの愚痴ばかりになってしまっても逆効果です。だ
から，時間を決めてから話をすることも大切です。

さらに別項目で教科担任制で授業を行うことを紹介していますが，可能であれば交換授業の提案もいいと思います。

　ある単元の授業だけを交換して行ったり，道徳のオリジナル教材の授業を学級を交換して行ったりすることで，お互いの教育技術が高まることにもつながります。

　崩壊学級の担任にとって，職員室が最後の砦<ruby>砦<rt>とりで</rt></ruby>です。安心して仕事ができるようになれば，結果的には子どもたちのためにもなるのです。

13 自分なりのリラックス方法を見付けよう

> 　毎日，自分の趣味を楽しむ時間を決めて，リラックスタイムを取りましょう。「真面目」「一生懸命」「がんばる」だけでは，うまくいきません。「遊び心」こそが心の疲れを癒やしてくれます。

　1日が24時間なのは地球上どこでも同じことです。「時間がない」「暇がない」「忙しい」というのは自分で自分の時間が作れない時に感じるものです。

　「真面目」という言葉は広辞苑では「まじめで融通がまったくきかない様」とも書かれています。ところが語源の一つとしては漢詩の「真面目（しんめんもく）」という言葉があるそうです。その意味は「それぞれがそれぞれの個性や役割を発揮している」というもの。ぜひ漢詩の「真面目」で行きましょう。

　あなたがあなたらしく生きていくために，仕事以外の趣味を楽しむ時間を，1日のうち15分〜1時間は取りたいですよね。

　思い切って「6時から7時は趣味の時間」という風に決めてしまうのもおすすめです。心が癒やされる時間が確保でき，しんどい仕事にも立ち向かうことができるようになります。

14 思い切って，病院に行ってみる

> 　本人が自覚していなくても，崩壊学級担任の心は弱って
> います。病院に行くのは，恥ずかしいことではありません。
> 学級崩壊したら，自分を守るために早めに病院に行きま
> しょう。

　大きな怪我をしたり，高熱が出たりすると病院に行きますよ
ね。足の骨が折れたまま通常の仕事をするのは不可能だという
ことは，どんな人でも理解していると思います。

　学級崩壊し，心が折れている場合も同じです。そのまま仕事
を続けるのは，大変危険です。

　学級崩壊したら，とにかく早めに病院に行きましょう。

　お医者さんは心の病気のプロです。薬を飲めと言われたら，
飲みましょう。休めと言われたら，休みましょう。

　プロの指示に従うことが，あなたを守ることにつながります。

　崩壊学級担任の心は，自分が思っている以上に危険な状態に
ある可能性もあります。

　自分の心と命を守るためにも，専門機関や医療機関の活用が
本当に重要だと考えています。

第3章

崩壊学級担任が
してもらって
うれしかった
11の方法

　この章を執筆してくれたのは，実際に学級崩壊を経験した教師たちです。

　「学級崩壊した時，してもらってうれしかったこと」を書いてくれています。

　読んでみれば，自分にもできそうなことが，きっとあるはず。彼ら彼女らが救われたように，苦しんでいる同僚を救ってあげてください。

　崩壊学級担任が1年間生き抜けるかどうか？　側にいるあなたにかかっています。

1 笑わせてもらったこと

> 学級崩壊していると，暗くなってしまいがち。そんな苦しい状況の時こそ，笑いです。笑いは，崩壊学級担任の心を癒やし，慰めてくれます。

　たとえクラスが崩壊していたとしても，職員室に帰ってきた時に，笑いがあるとホッとします。

　私は大阪に勤めていた時，苦しい1年がありました。それでも，日常生活の中でクスッと笑えるジョークをさらっと言える同僚に救われました。たとえ，その日1日教室で落ち込んだとしても，退勤する頃には元気になることができたのです。

　私が，その中でも一番元気になれたのは「IPPON グランプリ」です。お笑い好きの先輩たちが，凹んでいる若手を捕まえて大喜利をさせます。やっていることはくだらないのですが，その時間はいかに周りを笑わせられるかを必死で考えました。どんなボケを言ったとしてもその後，誰かがフォローする。笑いに変える。さすが，大阪人だと思ったものです。

　保護者や子どもが大変でも，学級崩壊していても，職員室に笑いがある学校はなんとかなるのだと思います。

2 暴れ続ける子どもに 数で対応してもらえたこと

> 授業中，突然暴れ始める子がいました。どんどんエスカレートして物を壊したり，暴力を振るったり。私一人ではもう抑えられないと思った時，すぐに駆けつけてくれた先生の存在に心が救われました。

　転勤していきなりの6年生担任です。4月から離席，飛び出し，ケンカ，対教師暴力。今まで経験したことのない環境でした。そんな中でも，授業に力を入れて，何とか子どもたちと関係を築こうとしていました。少しでも状況を改善させられないか，日々もがいていたのです。

　ある日の授業中のこと。何気ない私の注意が気に入らなかったのか，一人の男子が突然怒り出し，暴言を繰り返し始めました。

　なんとか制止しようとしたのですが，どんどんエスカレートし，ついには物を投げ始めました。そして，私に向かって殴ったり蹴ったりしてきました。

　周囲の子たちは慣れたもので，すぐに机を離して退散します。そんな中，その子に同調して一緒に暴れ始める子もいました。

　一体，何をどうしたらいいか，頭が真っ白になりました。

そんな時，騒ぎを聞いて，隣のクラスの先生が教頭先生を連れて駆けつけてくれました。そして，一緒に暴れている子どもたちを止めてくれました。時間はかかりましたが，お陰でなんとか抑えることができました。

　問題行動の中でも，特に暴力は，対応がとても難しい問題です。一歩間違うと大怪我につながったり，やり返すと体罰になってしまったりします。たとえ暴れる子を押さえつけられたとしても，そこからその子が落ち着くまでの間に，他の子が暴れないとも限りません。

　しかし，ここに大人が大人数で押し寄せたら，大抵の騒ぎは収まるはずです。また，他の子へのケアもできます。

　教室の中で子どもは席に座り，先生の言うことを聞くものだという前提は，当たり前ではないと思うべきだと感じました。

　いくら子どもであっても，いざとなったら，大人一人なんかでは決して止められないようなことをしでかすかもしれないと思うようになりました。

3 他の先生が注意してくれたこと

担任が問題行動に対して注意をしても，子どもたちは反発するだけで全くいいことがありません。そんな時，他の先生が注意してくれると，とっても助かりました。

学年集会や朝会が私にとって一番苦痛でした。それは，静かに話を聞かなければいけない時に，私のクラスの子どもたちがしゃべったり，前後でふざけあって遊んだりしたからです。

クラスの中で騒いでるだけなら私が我慢すればいい。しかし，学年や全校で集まっている時には，そうもいきません。

また，周りから冷たい視線が集まっているのではないか，子どもたちを抑えられない無能な教師と思われているのではないか，という悪い考えが浮かびました。だから，気持ちが全く落ち着きませんでした。

そこで，近づいて指導しようとするのですが，子どもたちは「気持ち悪い」「近寄らないで」と言って逆に騒いでしまいます。

ある集会の時，いつもと同じように子どもたちが騒いでいました。すると，あるベテランの先生が騒いでいる男子の横に静かに近づき，座りました。そして，その先生が二言三言口を開

くと，周りの子どもたちは，落ち着いて静かになりました。

　その行動に私の心は救われました。その後の集会でも，騒ぎ始めると，いつもそのベテランの先生が対応してくれました。

　学級が乱れ，その様子を全校の場で見せると，「この先生は力がないんだ」と他のクラスの子も感じます。そして，クラブ活動など，学級以外の活動にも悪影響が出ます。

　その悪循環に陥らないためにも，他のクラスの先生が代わりに指導することがとても大切だと思います。

　その先生は声に出して「がんばってね」とはおっしゃいませんでしたが，勇気づけられてとても心強く感じました。

4 副担任制度を敷いてくれたこと

> 　子どもたちとの関係が崩れてしまうと，当たり前のこと
> もしてくれません。そんな毎日が繰り返され，学級を修正
> する気力が失われてしまいました。そんな時，副担任制度
> は私に希望を与えてくれました。

　子どもたちとの関係が崩れ，当番や係活動が機能しなくなっ
ていきました。給食中は，給食着を着ないで適当に仕事をする，
当番なのに仕事をしないで集まってしゃべっている，給食当番
でもないのに勝手におかずをよそったりイタズラをしたりする
……こんな状態が続きました。その子どもたちに注意すること
に疲れ，毎日が憂鬱でした。

　そんな時に教務主任が
副担任として入り「朝の
会，給食，掃除，帰りの
会」を代わりにしてくれ
ることになりました。す
ると，そのストレスから
解放されて，とても楽に
なりました。そして，こ

れらの時間は，学級がまともに機能するようになりました。

　副担任制度は，「教師の言うことなんて聞かなくてもいい。自分の好き勝手に行動してもいい」という崩壊していた教室の秩序を再構築するメリットがあります。
　しかし一方で，担任の権威が下がったり，担任の前では無理難題を言ってきたりするような状態を作ってしまいます。

　私の学校では副担任制度の導入を突然決定事項として通達されました。しかし，事前に副担任制度を取り入れようと考えている旨を伝え，担任の先生のことを考えて導入しようとしていると伝えてほしかったです。
　崩壊学級担任は，子どもたちとの関わりの中で無力感を感じています。それなのに，急に決定事項だと聞かされると，「私なんて信用されていない」とますます息苦しくなってしまいます。
　何よりも副担任制度を導入する時は，学級担任の心身状態が悪化した状況に耐えうるのかを見極めてから導入してほしいです。

5 管理職にたくさん 話しかけてもらえたこと

> クラスがうまくいかなくなると，どんどん自信が奪われて，自分が何をしたいのかわからなくなります。そんな時，管理職の先生から毎日励まされたのがうれしかったです。

　授業は成立しない。指示も聞かない。次々にケンカが起きる。毎日保護者に電話する。自分の仕事が回らなくなる。苦しい生活を続けるうちに，今までできていたことがどんどん滞ってできなくなり，どんどん自信がなくなっていきました。

　期限のある仕事も終わらせられず，出張に出る時も代わりに入る先生のための授業案が思いつかない。うまくいかないことだらけで，自分は何の役にも立っていないのではないか，そんな考えも頭をよぎります。

　そんな時，管理職のある先生が励ましてくれたのが心の支えになりました。その先生は，いつも私が一人になったのを見計らって，話しかけに来てくれました。クラスでの子どもたちとの関わり方にアドバイスをしてくれたり，大変な子が低学年の頃の話や家庭での話など知らなかった情報をくれたり。その先生が何とか私をフォローしたいという気持ちが伝わってきました。

どんな時でも，教師は学校の一員として，学校全体がもっとよくなるように，与えられた役割を全うしようと一生懸命だと思います。

しかし，クラスがうまくいかなくなると，その役割が果たせていないという負い目をどんどん強く背負ってしまいます。

やはり管理職の先生が理解を示してくれて，フォローをしてくれたことは，自分の居場所がここにあるという感覚にしてくれました。

だからと言って，次の日からすべてがうまくいくなんてことは当然ありませんでした。しかし，その時間だけは，自分が否定されずに自尊心を保てていたのだと思います。

6 問題のある女子たちとの 良い関係をほめてもらえたこと

> 昨年度までグループのトラブルが絶えなかった女子を担任しました。私はその子たちと信頼関係を築くことに成功していました。そのことに気づき，ほめてもらえたのがすごくうれしかったです。

　暴れるなど問題が絶えないクラス。その中には，目立たないけど数多くの問題を抱える子たちがいました。不登校やいじめ，女子グループのトラブルなど，落ち着かない環境で様々な問題が同時に起こっていました。

　完璧に対応することは，もちろんできませんでした。しかし，私なりにクラスの中にそうした子たちの居場所が作れるようにがんばっていたつもりです。

　ある日の放課後，教室に残った3人の女子が，私に様々な不満をぶつけてきました。暴れる男子への不満，対立する女子グループへの不満，私を含めた教師や学校への不満。抱えていたことをそのまま私にぶつけてきました。言葉としては強烈なものでしたが，彼女たちの中には，「今の状況を何とかしたい」という気持ちがあるのだと強く感じました。

昨年度までの彼女たちの様子は，とにかく不満があると言葉や態度に出し，周囲とのトラブルが絶えなかったと聞いていました。きっとクラスや学校がとても居心地の悪いところだと感じていたのでしょう。

　そんな彼女たちの気持ちと向き合おうと思い，それからは放課後によく話を聞くことにしました。何かを解決できたかどうかはわかりませんが，彼女たちの不満が少なくなっていったのは感じることができました。

　しばらくして，隣のクラスの先生が「あの子たち今年はよく笑っているね。先生がよく関わってくれているからだよ」と言ってくれました。彼女たちの変化を見ていてくれたことがとてもうれしくなりました。

　クラスにうまくいかないことが多い中で，とにかくいろんな人に迷惑をかけている気持ちになり，謝ることが多くなっていました。自分がやっていたことに自信がもてず，何をしたらいいのかわからなくなっていた時，こうした言葉にとても勇気をもらえました。

7 学年会がなかったこと

学年会って，本当に必要でしょうか？　学級崩壊で疲れ切っている教師は，早く家に帰りたいもの。学年会をやめて，早めに帰らせてもらえたのがうれしかったです。

学年主任が長々と一方的に話している学年団は，大抵みんな仕事が遅いものです。

定時過ぎてもまだ喋り続けているベテラン教師は，正直言って迷惑以外の何者でもありません。

特に，学級崩壊している教師は，疲れ切っています。一刻も早く家に帰りたいのが本音です。

私が，学級崩壊に苦しんだ4年目。その年に組んだ学年主任は一度も学年会をしたことがありませんでした。

毎日，自分の仕事をしながら「あ，そういえば今日……」とあった出来事を話し，「来月の遠足のことちょっと確認させてもらっていいですか？」と思い出した時にお互い情報共有をするのです。

お陰で，毎日あまり遅くならず，早く帰ることができました。

また，その主任はいい意味で教えない（笑）。私が気づくま

で辛抱強く待ってくれたし，私が言い出すまで何も言わない方でした。そのお陰で，リスクマネジメントがだいぶ身についたように思います。

　学年会をしないことに，初めは正直，戸惑いました。しかし，学年会がないからこそ絶対に主任に確認するし，尋ねることを怠らないのです。
　保護者に電話するか否か，家庭訪問に行くか否かも迷ったら子どもがいる時間にすべて聞き，判断を仰ぎました。

　結論として，学年会を長々としている学年団より学年会をしていない私たちの方がはるかに会話をしている時間が長かったように思います。1週間に一度まとめて話すか，毎日こまめに話しているかの差だけなんです。

　これは，学年会に限らないと思います。働き方改革と声高に叫ばれていますが，教師自身が働き方を工夫する必要があると思います。

　特に学級崩壊している同学年の先生がいたら，早く帰らせてあげる工夫をしてあげてください。
　私が救われたように，あなたの同僚も救われるはずです。

8 良いところ5つ，改善点1つ 言ってもらったこと

　新採（新規採用）1年目に研究授業をしました。クラスが荒れていたこともあり，先輩教師たちから多くのアドバイスをいただきました。学級経営や授業技術のまずさの指摘です。

　しかし，あまりにも似たようなアドバイスが多過ぎて，研究討議の途中から話を聞くのをやめました。

　そんな中，教頭先生だけはほめてほめて，ほめまくってくれました。「いろいろ言われたってわかんないよね」と笑いながら，自分の授業を見て良かったところを5つ教えてくれたのです。

　授業内容には一切触れていません。すべて自分が学級経営で大切にしていたことを見抜き，認めてくださいました。それが何よりうれしかった。よく覚えています。

　その上で，私の授業の改善点を1つだけ教えてくださいました。ほめられた後だからなのか，その改善点は素直に受け入れることができました。

　崩壊学級担任は，自分の学級経営のまずさ，授業技術のなさを自覚しています。そして，自信をなくしています。

　そんな時，笑顔で無条件にほめてくれる上司の存在は非常にありがたいものでした。

9 保護者から励ましてもらったこと

学級が厳しい時に，一番勇気づけられたのが保護者からの励ましの言葉でした。たくさんの保護者が味方なんだと感じ，日々の気持ちが楽になりました。

毎日の生活の中で，子どもたちからは冷たい言葉を浴び，職員室でも心苦しい思いをしてきました。

学期末，個人懇談が近づき，保護者からどのようなことを言われるのか不安でたまらなくなりました。当日も，どれだけ責められるのだろうかとビクビクして懇談会に臨みました。

その懇談会で，予想外の反応に驚きました。たくさんの保護者から，励ましの言葉をもらったのです。

もちろん一部の保護者からは，授業や子どもの指導について不満も出ました。しかし，保護者からの励ましはそれ以上で，大変勇気づけられました。

「うちの子どもは，先生の授業がとても楽しいと言っている」「大変な子どもたちだと思うけど，負けずにがんばってね」など，たくさんの言葉をかけてもらいました。中には涙ぐみながら，励ましてくれる保護者もいました。

　ふり返ってみると，保護者との関係を作ることができたのは
PTAの飲み会や地域の祭りに参加していたからだと思います。
もしかしたら，飲み会や地域の祭りに参加するほどやる気のあ
る先生だと，一部の保護者が伝えてくれたのかもしれません。

　もし参加できそうな状況にあるならば，様々な行事に顔を出
すと保護者との関わりが楽になるかもしれません。

10 個人懇談会で保護者から一つも文句がなかったこと

> 学級崩壊で保護者には，とても心配や迷惑をかけました。それなのに，誰からもクラスの状況についての文句が出ませんでした。ありがたさと共に，申し訳なさを感じました。

　クラスがぐちゃぐちゃになっていて，子どもたちからも不満がたくさん出ていた12月。個人懇談会がありました。しかし，保護者からは文句のようなものは出ませんでした。

　私が女子への指導でミスをして，そこからクラスが崩れていきました。しかし，その女子の保護者からも「先生，こうするとよかったよね，次は気をつけなよ」という言葉しかなく，本当に信じてもらえて支えてもらったと感じました。

　結局その後，休職をすることになりました。担任がいなくなってたくさんの迷惑をかけましたが，復帰した後も「先生お帰り」と言っていただきました。保護者から温かく見守っていただけたことは，崩壊した学級の中で救いでした。

　なぜこんな声かけをしていただいたのかはわかりません。しかし，文句がなかったことは，自分のがんばりにつながりました。

　我慢をすることで相手を成長させることもできる。信じて待ってくれている人に感謝です。

11 休職中，同僚から手紙をもらったこと

　　休職した時は，やはり周りの目が気になるものです。きっと逃げたんだと思われている気がします。そんな中，手紙で思いを伝えてくれたことがうれしかったです。

　してもらって本当にありがたかったのは，休職していた時に，同僚から手紙をもらったことです。

　内容は，「私は先生に話を聞いてもらい助けてもらった。支えてもらった」「職場に戻ってくることを待っています」というものでした。

　自分は最低なことをしたと感じていて，戻る資格なんてないと思っていました。そんな中，同僚からの励ましはとても心に響きました。

　人間は人との関わりの間に生きています。人に必要とされた時，人に頼られた時に力を発揮することができるのだと思います。

　休んで人との関わりがない中での手紙は本当にありがたかったです。

休む前でもやはり声をかけてもらうことはしあわせです。

　この年とは別にクラスがしんどい時代がありました。その時に，同僚から一緒にご飯を食べに行こうと声をかけてもらいました。

　そのご飯の間，同僚はクラスのことは全く聞かず，ただのばからしい話に終始しました。全くクラスのことに触れられなかったのです。

　こんな励まし方もあるんだなあと感じました。辛いことを聞いてもらい共感してもらうだけでなく，ただ一緒にご飯を食べて話す。そんなことで助けてもらえる瞬間はたくさんあります。

　あなたの周りに辛い思いをしている同僚がいたら，まずは，声をかけてあげてください。

　それだけで，その同僚は救われるはずです。

第4章
崩壊学級担任をつぶす
13 の方法

　この章も，実際に学級崩壊を経験した教師たちが執筆しています。

　書いてもらったのは，「されて嫌だったこと」。

　「されて嫌だったこと」を思い出すなんて，本当に辛い作業だったはずです。

　それでも，全国の学級崩壊で苦しむ仲間のためにがんばってくれました。

　ここに書いてあることを学級崩壊で苦しむ同僚に絶対してはいけません。

　この章の執筆者，彼ら彼女らの思いよ，届け！

1

「ずっと教室にいろ」と言われたこと

> 休み時間もトラブルが起きないようにずっと教室にいろと言われました。しかし，クラスにいることが崩壊学級担任はしんどいものです。授業以外は，職員室で休みたかった……。

学級崩壊すると授業も休み時間も関係なくトラブルが起きるようになります。私のクラスでは，子どもたち同士の暴力問題がたくさん起きました。

私がとめると「お前が担任だから，ストレスがたまっているんだろうが」と言い，友達を殴って病院送りにしたこともあります。もちろん私の責任ですが，こんな場所にはいたくありません。

授業はまだ真面目に受ける子もいたので，子どもたちは座っていました。しかし休み時間になると，自由に暴れまくっていました。

こんな所にいないようにしたかったのですが，管理職から命令されて，ずっといることに。トイレにさえ行けません。出張ですら，クラスを見ろと言われ行かせてもらえませんでした。

思い切って，休み時間だけは，崩壊学級担任を教室にいなくてすむようにしてあげることができるといいと思います。

2 校長の話が長かったこと

> クラスでトラブルが起きると，主任や管理職に報告をしなければなりません。毎回憂鬱な気持ちになるのはもちろんなのですが，一番心を削られたのは，その時の校長の話が長く，時間を奪われたことでした。

　毎日トラブルが起き，休み時間も空きコマも授業時間も子どもへの対応に追われました。

　子どもが帰った後には，主任や管理職への報告，そして保護者への連絡。それが終わるとまた主任と管理職への報告。毎日毎日それが続くと，他のことにかける時間もどんどん無くなっていきました。

　ある個人懇談会で，主任や管理職を交えて話がしたいという申し出をしてきた保護者がいました。2時間かけて保護者とよく話をして，最後には納得し，安心した表情で帰ってもらえました。

　一息つく間もなく，すぐに校長から呼び出されました。内容としては私に対するアドバイスのようでした。しかし，同じ話が何回も繰り返され，正直疲れていたこともあり，全く頭に入りませんでした。

2時間後に解放され，夜の10時。心配して残ってくれていた主任などにも話をして，結局学校を出られたのはもっと遅くなりました。

　ふり返ると，その日は午前授業で，午後から懇談会。保護者との面談，校長の指導，主任への報告など，休憩なしで10時間以上誰かと話し続けていました。

　楽しい話ならあっという間かもしれませんが，すべて内容が重たく難しい対応を迫られていたので，さすがに気が滅入りました。

　保護者との話は長くなるのも仕方ないと感じていました。しかし，職員同士の話がどんどん長くなるのは，正直なところ，しんどさが増すばかりでした。

　私のことを心配しているのはよく伝わっていたのですが，結論のない話が長くなりすぎて，あまり心には響きませんでした。

　私が欲しかったのは言葉よりも具体的な行動です。そして一番欲しかったのは，心の余裕を保つための時間だったと思っています。そうしたズレや勘違いが，私から職場への信頼や安心感を奪っていったと思っています。

3 ダメ出しをされたこと

崩壊学級担任は，クラスがうまくいっていないのは自分
のせいだと思ってしまいます。そして，自分を責めていま
す。それなのに，ダメ出しをされると，心が不安定になり，
より学級は崩壊します。

　苦しい状態にある人がしてほしいことは，アドバイスではな
く，まずは承認です。毎日苦しい状況の中で，もがいているこ
とを認められるだけで心の負担は少なくなります。

　学級崩壊を起こしたその年。私は自分の成長に繋げようと
思って，毎日全力で子どもたちと向き合っていました。経験が
浅く，できていないことが多い私は，自分の責任で学級崩壊が
起こったと考えていました。

　そこで，少しでも学級をよくしようと思い，毎日のように自
分からアドバイスを求めました。そしてたくさん指導してもら
いました。しかし今思うと，その考えがよくありませんでした。

　最初のうちはどんどん受け止めて改善していこうと張り切っ
ていました。しかし，毎日ダメな所を指摘され続けることで自
信がなくなっていきました。いかに自分の考えが間違っており，
たくさんのことを直さないといけないかを思い知らされた私

は，目の前が真っ暗になりました。

　自信がなくなることで指導にもブレが生じ，子どもたちにもどんどん付け込まれるようになりました。その結果トラブルもどんどん増え続け，子どもたちを叱ることが増えてきました。

　いろいろな先生のアドバイスを受けすぎて，何が正しいのか，何が間違っているのかどんどんわからなくなっていたのです。

　そのうちに教えてくださっていた先生にも「私も忙しいんだよ。学年で解決して」と言われたり，「なんでそんなこともできないの」と激しく叱責されたりすることもありました。

　今の自分なら，至らなかった点や，もっとこうすればよかったということもわかります。修正することだってできます。しかし，その時は子どもとの関係が崩れ，気持ち的にもいっぱいいっぱいの状態でした。

　さらに，子どもとの関係が崩れているため，誰でもできるような指導も，子どもたちには入らず，難しい状態でした。よかれと思って周りの先生が行ってくれた指導やアドバイスは，私にとっては大きな重荷となっていました。

　ただでさえ学級経営で苦労しているのに，さらにダメな所を指摘されると心が苦しくなります。

　もし，同じ職場の先生が学級に問題を抱えていたら，必要なのはアドバイスよりも励ましの言葉です。ダメ出しよりもがんばっていることへのフィードバックをしてあげてほしいなと思います。

4

同僚から冷たい反応をされたこと

崩壊学級担任は，苦しさを押し殺し，歯を食いしばってがんばっています。それなのに仲間だと思っていた同僚から冷たくされると，一気に心がしぼんでしまいます。

転勤してすぐにクラスがうまくいかず，今までに経験したことのない苦しさに襲われる毎日でした。

前の職場では，気軽に相談ができる同僚がいてくれたことで救われていたのだと実感しました。それでもなんとか仕事をがんばって職場での信頼を獲得しようと，日々積極的に同僚と関わっていきました。

ただ，自分も含め，疲弊している先生が多く，なかなか関われないまま1学期が終わりました。

2学期に入った，ある日の休み時間のことです。自分のクラスの子が低学年の子とトラブルになったと聞いて，急いで対応に向かいました。

すでに相手の子の担任が指導をしていて，自分のクラスの子はとても反抗的になっていました。その態度が気に入らなかったのか，その先生はどんどん口調がエスカレートし，ついには矛先が私に向かってきました。

その先生の真意はわかりませんが，私に向けられた言葉はとても冷たく，ショックな出来事になりました。

また別の日，ある子たちが授業中に教室でボールを投げ始めました。私は我慢できず，強い口調と体を押さえて止めようとしました。それが気に入らなかったのか，その子は怒りながら家に帰ろうとしました。

その日の授業後，校長と主任に報告をした時，私が我慢するべきだったと指導を受けました。そして「先生が何をしたいのか，何をしてほしいのかよくわからない」と言われました。

何が正しくて，何が間違いなのか，わからなくなっていました。また，どうしたらうまくいくのか悩み，毎日がうまくいかないことだらけだと思っていました。

そんな時に，仲間だと思っていた同僚たちから冷たくされ，一気に心が折れるような感覚になりました。

もしかしたら，その人たちは別の意味で言った言葉かもしれません。しかし，私にとってはどこにも寄りかかるところが無くなるように感じる言葉でした。

5 一人でする授業が 多くなったこと

> 崩壊学級の授業は，サポートの教師の力で何とか成り立っていることも多いです。それなのに，いきなりサポートの教師がいなくなり，一人で授業することになって苦しみました。

　1学期のうちは少人数指導など，それなりにサポートもあり，なんとか授業を成立させることができました。しかし，2学期になると授業がうまくいかなくなってきました。

　校内で産休や休職など，どんどん休む同僚が出ました。代わりの先生も見つからず，そのため，学校全体がとても苦しくなってきたのです。

　そうしたしわ寄せが，じわじわと私のクラスの状況を悪化させていったのだと思います。

　それまでクラスに入ってくれていた先生に，突然「次の日から別のクラスに行きます」と言われました。そして，急に一人ですべての授業をすることになりました。

　クラスがうまくいっている時なら，周りの先生を助けるためにがんばろうと思えます。しかし，その当時のクラスの状況では，とてもうまくいくとは思えませんでした。

その先生がサポートに入ってくれることで，何とか子どもたちも落ち着いて席に座っていられたのです。いなくなれば当然，その日からまた離席を繰り返す子が出ます。

　その子の対応ばかりに気をとられ，今まで落ち着いていた子も落ち着きをなくします。時間を守らなくなるのはもちろん，教室移動も全然うまくいかなくなり，いろいろなことが滞り始めました。

　当然，私の注意の数が増え，そして，どんどん教室の空気が悪くなっていきました。

　近年，多くの学校で教員不足が深刻化してきています。様々な事情で休まれる先生も多い中で，代わりの先生が見つからないということは日常茶飯事なのかもしれません。

　もちろん自分だけが苦しいというわけでもありません。みんなが苦しいというのはよく理解していたつもりです。

　ただ，あまりに突然で，その決定に納得はいきませんでした。ただただ，しんどい我慢を強いられたような絶望感に襲われました。助けてほしくても，「一人でなんとかしろ」と言われているような気持ちになりました。

6 *授業を乗っ取られたこと*

崩壊学級にサポートの教師が入ることは多いものです。
しかし，授業の主役は，あくまで担任。担任を脇役に追い
やるような行為は，担任を困らせます。

　私が初任の時のことです。多くの初任者がそうであるように，
私のクラスも荒れていました。

　だから，初任者担当教諭が毎時間のように私の教室の後ろに
サポートに入ってくれていました。初任者担当教諭は２人の
初任者を受け持っていたにもかかわらずです。

　初任者担当教諭は，いい人が多いものです。何もわからない
若手に一から教えてあげたい，なんとかしてあげたいという
サービス精神旺盛な人がなっています。

　だから，若手のやることにすべて口出ししたくなるし，自分
の知識をできる限り伝達したい気持ちが溢れています。

　この，ベテラン教師の善意の押し売りが「授業乗っ取り行
為」に繋がっていると強く思います。

　授業の中で若手に少し説明違いや，指導書の解釈の読み間違
いがあると，担任を差し置いて自分が黒板の前に立ち授業をす

るのです。

これは，子どもたちに「あなたたちの担任は力不足です」と教えているに他なりません。だから，子どもたちも自分の担任より，しっかりと正しいことを教えるベテラン教師を信頼するに決まっています。

　そこから徐々に初任者だった私の学級経営が厳しくなったと感じています。このパターンは私だけではないと思います。

　口を出すなら，最初から最後までやりきってほしい。途中から授業に割り込み，こちらが予定していなかった授業を展開しておきながら，自身のタイミングで担任にバトンを返す。そんな行為は大迷惑であると言うことだけはどうしても伝えたいです。

　自分が授業に入るなら，最初から最後まで一貫して入る。そうでないのであれば，アドバイスや講評は子どもや保護者に聞こえない場所でさらっと伝えてほしいものです。

7 保護者対応を一人でしたこと

子ども同士の暴力事件。その保護者対応は，崩壊学級担任一人では，背負いきれません。一緒に受け止めてくださる人がいることで，何とかがんばることができるのです。

子ども同士の暴力事件で，被害者の親が学校を訪れました。けんかなどの対等なものでなく，3対1のいじめのような暴力です。その結果，殴られた子の歯が折れる事件でした。

その保護者に顛末を説明する際に，担任である自分一人だけで対応することになりました。保護者（父も母も）はありがたいことに「先生を信じていた」と言ってくださり，感情的に怒鳴りつけるなどはなく，淡々と話してくださいました。

それでも，私の気持ちはもう病んでいたので，一人で受け止めるのはしんどかった。そのような時に，管理職や学年主任など，他の先生が一緒に入って，負担を軽減することや情報を共有することが大事だと思います。

私を信じて任せてくれたのかもしれません。しかし，精神はボロボロなのでやはり，支えてほしかったです。

学級の問題は，学校の問題。学級崩壊の責任を担任一人で背負わせないようにしてほしいと思います。

8 管理職が守ってくれなかったこと

> 管理職がモンスターペアレントの顔色ばかりをうかがい，味方をする。そんな状況では，崩壊学級担任はさらに苦しい状況に追い込まれます。職員を守るのも，管理職の仕事だと強く自覚してください。

昨今モンスターペアレントと呼ばれる保護者が増加し，学校現場は疲弊しています。

それに拍車をかけ，管理職がモンスターペアレントに味方し，現場教師を精神的に追い詰めるというカオスな学校も存在します。

保護者が激昂してきているのに，管理職は担任と学年主任に任せ，校長室から出てきません。

出てきたとしても，保護者のご機嫌をとるようなことばかりを言って，自分は一切嫌われないように立ち回ります。

私のクラスが崩壊したのは，問題行動を起こす一人の子どもが原因でした。その子への対応も，管理職二人は，あの時一体

何をしてくれたのかと甚だ疑問です。その保護者への対応も，私任せ。たまに対応してくれたかと思えば，保護者の立場に立ち，私を叱責する。私は守ってほしかったのに……。

　管理職というポストにつき，管理職手当を支給されているのだから，汚れ仕事も引き受けるべきではないかと思います。

　いや，よくよく考えてみれば，この管理職も被害者なのかもしれません。

　この一件で痛切に感じたことは，管理職になる人がこれまでの教師人生の中で困難校や困難学級で働いた経験，命がすり減るような経験をしていないと，本当の苦しみは理解できないということです。

　多かれ少なかれみんな，挫折や失敗はあるに違いありません。しかし，困難校の「しんどい」は桁違いなのです。

　それがわかるのは，寿命が縮まる経験をした教師だけだと思います。

　管理職研修や指導マニュアル通りにやったところで二次，三次被害を出すだけだということに早く気がついてほしいです。

　そうじゃないと，教師が病休に入り，退職していくことが当たり前になってしまいます。

　保護者に寄り添う姿勢は大切です。しかし，同僚を痛烈批判し，担任の権威を下げてまで保護者の味方をするのは疑問です。

9 学年の連携がないこと

> 　学級が崩れてくると，子どもたちはどんどん好き勝手に発言をし始めます。そんな時に，大切なのが同学年です。学年として足並みを揃えなかったり，説明を合同で行わなかったりすると，崩壊学級担任の負担が増えてしまいます。

　4月当初は各学級で自由に学級経営をすることになっていました。しかし，学級の状況が不安定なると，行事や実習，宿題でさえも，子どもたちはどんどん好き勝手を言い始めました。

　その時に一番困ったのは「各学級が自由だったこと」です。そうすると，子どもたちは都合のいい時に「1組の宿題は音読だけだった」とか「3組はお楽しみ会で3時間も遊んでいたのに」など，条件のよい学級を引き合いに出してきました。そしてその後には決まって「俺，3組がよかった」「この学級は先生がダメだ」などと好き勝手な発言が続き，収拾がつかなくなりました。

　そんな状況を作らないためにも，学年で連携をすることはとても大切だと感じました。学年会がないことで，授業後の負担は減りましたが，最低限の情報共有はしてほしいと感じました。

　行事の説明も学年でしてほしかったと思っています。たとえ
ば，修学旅行について自分のクラスだけで説明すると「○○禁
止」と伝えた時，理由を説明しても納得せずに，なかなか前に
進みません。また，もともと話も聞いていないので同じ説明を
何度もくり返すようになります。さらに，しおりの作成だけで
1時間もかかりました。

　そこで行事の準備や説明
をする時には，学年か他の
クラスと合同で説明を聞く
場所を用意してほしいと思
います。そうすることで時
間が短縮できるし，担任の
ストレスも減るはずです。

　同学年の教師に助けてもらうことも多くありました。授業中
も大声で騒いだり暴れたりするため，教室の中は騒然としてい
ました。そんな時に隣のクラスの先生が教室に来て，子どもた
ちへの指導をしてくれました。しかし，問題は伝え方です。

　担任の至らなさへの「とげ」が混じっていたのです。いろい
ろと迷惑をかけてしまったので，隣のクラスの先生が不満に思
うのもわかります。しかし，子どもの前で「なんで指導しない
のか」と話したり，担任の存在を無視して指導されたりすると，
子どもたちの信用が全くなくなってしまいます。せめて話す前
に担任に一言伝えるなど配慮してほしいと思います。

10 相談なしで 急に対策を指示されること

学級崩壊を起こしている担任は，申し訳なさと罪悪感から常に自分を責めている状態です。そんな時に急に「○○することが決まったから」と言われると，張りつめていた糸が切れてしまいます。

1学期に学級崩壊を起こし，修復しようと試みましたが，改善することができませんでした。そこで夏休みはいろいろな研修に参加して，いろいろな手だてを模索していました。

夏休みが終わりに近づいたある日，校長室に呼ばれました。すると，校長先生や教頭先生，学年主任がいる中で「2学期からは君のクラスの社会科を学年主任にしてもらうので，代わりに学年主任のクラスで理科の授業をするように」と指示を受けました。それを聞いて，3つのことを瞬時に考えました。①主任の授業と比べられて，耐えれるかどうか，②主任のクラスでも，授業が成立しなかったらどうしよう，③これ以上ストレスが増えて，心がもつかどうか……。

私とクラスの子どもたちとの関係が壊れている以上，他の先生が自分のクラスの子どもたちに指示を出せる状況を作っておくことの必要性はよくわかります。しかし，崩壊しているクラ

スの担任にとっては，同じ学年のクラスで授業することは，かなりハードルが高いです。

　そこで，自分には難しいと伝えると，「子どもたちのことを考えないで，自分のことばかり考えている。断るのはおかしい」と注意をされました。

　言われた通り，子どもたちの成長を第一に考えるのは当然です。しかし，自分が追い詰められていて，命がかかっている状態で，その提案は受け入れることが到底できませんでした。

　その後も何度か同じように「明日からこうするから」と伝えられました。機密事項だし，事前に話すと情報が漏れてしまうので難しいのかもしれません。しかし，気持ちが弱っている時には，見捨てられたように感じて，さらに追い込まれてしまいました。

　崩壊学級担任は子どもたちとの関わりの中で無力感を感じています。だから，急に決定事項だと聞かされると「どうせ自分はダメだから」「私なんて信用されていない」と，ますます息苦しくなってしまいます。

　少しでも事前に声をかけてもらったり，理由を伝えてもらったりすると救われると感じました。

　心が弱っているからこそ，事前に教えるなどの配慮が必要です。「担任の責任」ではなく「担任を楽にしてあげたい」からだと事前に理由を伝えてあげてください。

11 アリ地獄にハマって 抜け出せなくなったこと

> 　学級崩壊は一度「負」のスパイラルに入ると，もう抜け出せなくなります。まるでアリ地獄のように，もがけばもがくほど状況は悪化していきました。

　4月から子どもたちとの関係を築くことに失敗し，授業が全然うまくいきませんでした。

　それまで，年度初めはお互いの様子を見るものだと思っていましたが，あまりのまずい状況に焦りました。いろいろな方法を試しますが，どれもうまくいきません。

　焦れば焦るほど安定が欲しくて，より厳しい指導に偏りました。私が厳しくなればなるほど，子どもたちは離れて，さらに反抗的になっていきました。

　他の先生の授業でもクラスの状況は改善しませんでした。専科の先生はとても厳しくて，昔ながらの生徒指導を重んじる方でした。

　専科の授業が終わった後は，クラスの荒れ方がひどく，結局常に二人体制で授業を見ることになりました。

　周りの先生からのクラスの評判もどんどん悪くなっていきました。委員会やクラブなどでも次々に問題を起こし，毎回終

わった後にいろんな先生が私の所へその子の愚痴を話しに来ました。それは，回を重ねるごとに増えていきました。（もちろん，それは氷山の一角だとは思います。）

　こうした子どもたちや周りの先生たちの反応が，とてもネガティブで，私自身，どうしても前向きになれませんでした。気持ちがどんどん落ち込み，クラスに向かうのが躊躇われました。

　そして，そんな気分で授業をしていると，また子どもの嫌な面ばかり見えて，また強く指導して……何か永遠に落ち続ける落とし穴のように感じる毎日でした。

　教師がもっている「こうすべき」や「こうあるべき」を正しいと思っていればいるほど，子どもたちは逆の方に動いていたように思います。子どもの本心はもっと別の所にあって，「もっとうまく関わりたい」の裏返しだったのでしょう。

　しかし，それを理解して関わっている先生はどのくらいいたのか。ほとんどの先生たちは頭ごなしにダメと決めつけて，子どもを否定するばかりでした。

　私はそのことにとてもうんざりしていました。しかし，私もまた子どもたちの気持ちが理解できず，頭ごなしに指導していたのだと思います。

12 他の学校の先生に 大変だと言われたこと

> 私のクラスの苦しい状況を他の学校の先生に言うくらいなら，職員室で一言声をかけてほしかったです。ささいな一言に崩壊学級担任が救われることもあるのです。

　会議などで他の学校の先生と関わった時に，「先生のクラスは今年大変らしいですね」と言われました。

　そんなこと，私は他の学校の先生に言っていません。だから，私の学校の先生が他の学校の先生に言ったことになります。

　回り回って言われたことが大変ショックでした。

　そんなことを他の学校の先生に言うのなら，「大変ですね。何か手伝うことある？」「ご飯食べに行こう」でもいい，何か直接関わってくれることの方が大切だと思います。

　別に優しい言葉をかける必要はありません。でも，声をかけてもらえることで気にしてもらっていると思えるのです。

　他の学校の先生にどういう言い方をしているのかわかりません。しかし，他の学校の方から聞くと，うわさ話をされていると感じ，恥ずかしさでもっと凹むことになります

　クラスを崩している人間が周りのうわさを気にしている場合ではないのですが，他の学校の先生に言う暇があるなら助けてくれと言いたいです。

13 休んだ時に 連絡がなかったこと

> 崩壊学級の担任は申し訳ない気持ちでいっぱいです。それでも，どうしてもしんどくて逃げたくて休んでしまうこともあります。そんな時に，一言連絡があるだけで学校へ行こうという活力になります。

　休職する前に，私は学校を何日か休みました。理由はもう子どもたちの前に立つ資格はないと感じたからです。自信もなくなり，居場所もないと感じていました。

　そんな人間に優しい言葉をかける必要はないかもしれません。でも何も関わりがない，それだけで気持ちが寂しいものです。何も心配されていないように感じてしまいます

　だから休んだ時に連絡がないと，何も気にかけてもらっていないと感じ，職場に足が向くことはありません。

　この本が崩壊学級の担任を救う本ならば，そして，この本の読者が本当に救う気がある方なら，やはり声をかけてほしい。甘えなのは十分に承知です。

　時間的には１分くらいのこと。メールやラインなどで「待ってるよ」「また話そうよ」など，そんな言葉で救われるんです。

　苦しんでいる先生に手を差し伸べてください。

執筆者一覧　※五十音順

岩村　泰志（仮名・小学校教師）

梶川　高彦（愛知・公立小学校）

黒澤　徹子（仮名・元小学校教師）

杉浦　遼平（岐阜・公立小学校）

鈴村真梨英（愛知・公立小学校）

中村　健一（山口・公立小学校）

坂野　優貴（愛知・公立小学校）

日野　敦史（愛知・公立小学校）

編著者紹介

梶川高彦

　1973年，大阪生まれ，愛知育ち。会社員やフリーターを経て教員に。新任の頃，隣の学校の共に授業づくりに励んでいた後輩教員が突然亡くなることがあり，横のつながりをフォローするための教師サークル「ほっとタイム」を設立。学ぼうとする教師仲間を少しでも支援しようと活動している。また春には「教職をめざす学生と教師をつなぐ会」を開催し，5年でのべ600人を超す若手参加者に向けて情報を発信している。モットーは「かるく，明るく」。

中村健一

　1970年，山口県生まれ。現在，山口県岩国市川下小学校に勤務。学級崩壊に苦しんで辞めていく仲間たちを目の当たりにし，心を痛めている。そのため，「教師の味方だ！」と公言し，仲間にエールを贈る本をたくさん執筆している。主な著書に『子どもも先生も思いっきり笑える73のネタ大放出！』（黎明書房），『策略―子どもの心を奪うブラック学級づくり』（明治図書）など。梶川氏が主催する「教職をめざす学生と教師をつなぐ会」に毎年登壇させていただいている。

＊イラスト・山口まく

崩壊学級 担任を救う33の方法＆つぶす13の方法

2020年5月10日　初版発行

編著者	梶川　高彦	
	中村　健一	
発行者	武馬　久仁裕	
印刷	株式会社　太洋社	
製本	株式会社　太洋社	

発行所　　　　　　株式会社　黎明書房

〒460-0002　名古屋市中区丸の内3-6-27　EBSビル　☎052-962-3045
FAX 052-951-9065　振替・00880-1-59001
〒101-0047　東京連絡所・千代田区内神田1-4-9　松苗ビル4階
☎03-3268-3470

笑う！　教師の1日

中村健一とゆかいな仲間たち著　B6・96頁　1300円

教師のための携帯ブックス⑳　朝イチから帰りまで，授業中もちょっとした隙間時間や休み時間にも，給食や掃除の時間にも笑う，子どもたちも教師も笑顔になる77のネタ！　笑いのある教室にすることは学級崩壊の予防にもなります。

クラスを「つなげる」
ミニゲーム集 BEST55+ α

中村健一著　B5・62頁　1650円

クラスをたちまち1つにし，先生の指示に従うこと，ルールを守ることを子どもたちに学ばせる，最高に楽しくておもしろい，今どきの子どもたちに大好評のゲーム55種を厳選。2色刷。

つまらない普通の授業をおもしろくする！
小ワザ＆ミニゲーム集 BEST57+ α

中村健一著　B5・62頁　1660円

おもしろみのない普通の授業を，ちょっとしたワザとゲームで盛り上げおもしろくするネタを57紹介。子どもたちが授業にのってこないとき，飽きてきたときでも授業にすぐ集中できます。成功の秘訣やプラスαのネタも教えます！　2色刷。

ゲームはやっぱり定番が面白い！
ジャンケンもう一工夫 BEST55 ＋ α

中村健一著　B5・62頁　1650円

定番ゲームの王様「ジャンケン」にもう一工夫加えた，「餃子ジャンケン」「サッカージャンケン」等の最高に盛り上がるジャンケンゲーム55種を厳選収録。学習規律をつくるジャンケンもあります。2色刷。

新装版　子どもが大喜びで先生もうれしい！
学校のはじめとおわりのネタ 108

中村健一編著　A5・127頁　1800円

日本一のお笑い教師・中村健一先生の，1年間，1日，授業，6年間の学校におけるはじめとおわりを充実させるとっておきの108のネタ。子どもたちを飽きさせない工夫がいっぱいの教師のバイブル。気がつけば楽しいクラスのできあがり！

担任必携！　学級づくり作戦ノート

中村健一編著　B5・87頁　1900円

学級づくりを成功させるポイントは最初の1ヵ月！　例を見て書き込むだけで，最初の1ヵ月を必ず成功させる作戦が誰でも立てられます。作戦ノートさえあれば，学級担任のつくりたいクラスにすることができます。

学級担任に絶対必要な「フォロー」の技術

中村健一編著　四六・155頁　1600円

発問や指示だけでは動けない今どきの子どもを的確に動かす「フォロー」の技術を公開。安心感を与える対応や評価（フォロー）で伸び伸びと力を発揮できる子どもに。教室でトラブルを起こす子にも効果的に対応できる全く新しい教育技術です。

表示価格は本体価格です。別途消費税がかかります。

■ホームページでは，新刊案内など，小社刊行物の詳細な情報を提供しております。「総合目録」もダウンロードできます。http://www.reimei-shobo.com/